OMISIÓN DEL ÁNGEL

ROLANDO KATTAN

OMISIÓN DEL ÁNGEL

XV Premio Internacional de Poesía Claudio Rodríguez

VISOR LIBROS

VOLUMEN MCCLXI DE LA COLECCIÓN VISOR DE POESÍA

Un jurado compuesto por Antonio Colinas, Luis Alberto de Cuenca, Jesús García Sánchez, Juan Carlos González Ferrero, Jesús Losada y Raquel Lanseros concedió a este libro el XV Premio Internacional de Poesía Claudio Rodríguez que concede el Instituto de Estudios Zamoranos «Florián de Ocampo».

Cubierta: Diego Jordán

Isaac Peral, 18 - 28015 Madrid
www.visor-libros.com

ISBN: 978-84-9895-550-7
Depósito Legal: M-3684-2025

Impreso en España - Printed in Spain
Gráficas Muriel. C/ Investigación, n.º 9. P. I. Los Olivos - 28906 Getafe (Madrid)

Está, tras la creación,
el primer día del infierno
a pleno sol aún.

Sándor Weöres

No man is an island,
entire of itself;
every man is a piece of the continent,
a part of the main.

John Donne

ONTOLÓGICA DE JOHN DONNE

Inventamos la taxidermia.
Busca en la cabeza del ciervo
restos de nuestra cabeza.
Ella nos juzga, es autofagia.
¿De qué sirvió elevar palabras a los altares?
Amar al prójimo como a ti mismo,
sin profundizar en su etimología,
sin saltarse el próximo átomo.
Inscribe en el ladrillo de tu templo:
Quien blasfema contra John Donne
rompe la utopía de nuestros hijos.
Ignorantes de que la eternidad
es un devenir biodegradable,
sometimos a Morfeo a una píldora.
Solo bajo su cielo de mármol,
los abuelos nos recuerdan:
No asfixies la semilla,
hay sabiduría en su perfume.
Somos la energía que transmigra.
También el cansancio de los pingüinos
y el cabujón en la cabeza disecada.
Hoy la palabra cardumen
es más rara que un anzuelo.

LA INSPIRACIÓN DE SAN MATEO

Muchos cuerpos de santos que habían dormido
se levantaron; y saliendo de los sepulcros,
vinieron a la Ciudad Santa.

MATEO 27: 52-53

En una pequeña capilla de Roma, a un costado del altar mayor, cuelga *La inspiración de san Mateo.* Es una humilde mesa al óleo, donde el evangelista comparte con la voz eterna; en los ojos del santo no jadean las fieras. Ni se faja con chacales por el fémur de un poema.

No pretendo escuchar la voz del Caravaggio: lo que busco es la omisión del ángel. Hacer vibrar una cuerda inamovible. ¿Quiénes son esos cuerpos que se levantaron cubiertos, como besos salvados del Gehena? Acaso lo que el amor adeuda da figura, por eso la manía de huir de los sepulcros.

El ángel no propuso mi nombre en la sagrada escritura, lo encuentro disperso en los libros de poesía. Mi biografía es un anagrama del paraíso perdido. La omisión del ángel es un silencio violento. Como un dolor de oídos. Como otro anagrama: oídos — o Dios, como un dolor de Dios.

En un país lleno de balas es mejor estar detrás del lienzo. Si no tuviera velado el rostro advertirían que mi corazón camina en busca de la Ciudad Santa. La búsqueda será mi forma de la resurrección. Escuchar al hombre en ausencia del ángel. Sostener su palabra en el vacío.

IUS SANGUINIS

Emigran del pasado los abuelos.
Me sueñan en transpirados camarotes,
viajan con dos piedras apagadas,
son dos lágrimas calizas de montaña.
En una empuñan la tierra prometida,
en otra la promesa de una nueva casa.
A través de mi sangre
sucede un celuloide en la retina.
Platillos de balanzas invisibles,
tasan exilios en mi ADN.
Aquel verbo que fecundó el carbono,
es lo poco de astro que me queda;
malgasté la esperanza que confiaron
a la pálida cordillera, a mi tísico hueso.
¿Qué parte brindaré a mis ancestros?
Confundí el amor con el barro de mis muros,
no debí quemar las naves.
Soy tan poco de aquel destino,
me parezco a los íngrimos destierros.

IUS SOLI

Christoval Colon, puso nombre de Tierra firme,
a toda la tierra que yace entre Iucatan,
y debajo de Occeano del Norte honduras,
Beragua parte de Castilla del oro,
Cartagena, y Venezuela.

JUAN BOTERO BRENES.
Relaciones universales del mundo

Adentro de un incunable rescaté otra patria.
Una cordillera emergiendo de los libros,
como si fuera una costilla del Atlántico.
Los que visten la frágil aureola
de los herederos sin reino
se adueñarán de sus baldíos.
La patria ha sido rescatada.
Que las gaviotas lo pregonen al mapamundi.
Los carteros van al remo en la canoa,
y en ballenas de vidrio van sus cartas,
como botellas arrojadas al mar
por náufragos y soñadores.
Hay un grito triunfante en la vigía,
un nuevo barro para rehacer la vida:
Tierra Firme.

PRUEBA DE COLOR

Et ustus fortiter.

CANTOS DE GOLIARDO

Vivo lejos de los grandes museos. Sobrepongo el *Guernica* al bullicio de Tegucigalpa. Resulta imposible calcar un Fragonard, su follaje es una inmerecida esperanza. El verde se oxida como autógrafa de Neruda. Solo la luz de un semáforo me apunta. Es la mira de un francotirador omnisciente.

Vivo lejos de los jardines de Luxemburgo y cuanto más lejos los paisajes de los trenes, más golpea el plomo en la pupila. Fue un presagio de los *Carmina burana*: vivir retirado de los templos budistas, de los pasillos donde llora cómplice un Heráclito. No moriré cerca del cementerio marino o del blanco que recomienza en el oleaje. Una acuarela tiembla sobre el Tisza, pero a mil quinientas leguas de distancia. Qué remotos los estanques de Monet, las vocales de Rimbaud o el caleidoscopio de las grandes bibliotecas. Estoy a veintiséis años de los amarillos de Klimt y en sentido contrario a la belleza, vivo lejos de las orquestas sinfónicas, de los campos cubiertos por tulipanes, del azul de la porcelana imperial y de todos los molinos de viento.

Otros son mis colores, y con ellos debo sostener la vida.

HISTORIA DEL ARTE SEGÚN EPICURO

Somos átomos
con diferentes formas de sentir el frío.
Lo triste que cuelga
en las paredes de un museo.
Un Hodler,
                    un Rembrandt
                                        o un Degas.
O los gusanos
con los que Wallace Stevens
hizo sus trajes de seda.
Somos la astilla
del gran vidrio de Duchamp.
El hígado indescifrable de Ticio.
Lo inefable en el ojo materno.
El hechizo preferido de Circe.
La despoblada habitación de Jerónimo.
La tesis doctoral de Marx.
No somos átomos
que lloran al juntarse,
sino lo que guardamos del vacío.

CURADOR DE MUSEO MUNICIPAL

Busco pintor flamenco del siglo dieciséis que haya pintado antes la extracción de la piedra de la locura, que haya hospedado a santo Tomás en su casa y que abunde en bermellón en su patio. Que se haya nutrido de los cuadernos anatómicos de Leonardo, que crea en la proporción áurea y admire el *filtrum* como la huella de un ángel sobre los labios. Busco pintor que evidencie que los hoyuelos de Venus bastan para afirmar que las hespérides viven entre nosotros; que reconozca en un rostro sefardí las facciones de Afrodita; que dude, en definitiva, de la certeza de la muerte y sea, más bien, un discípulo de la metempsícosis. Debe saber que las constelaciones en la carne son sagradas y representarlas con la exacta factura del zodíaco en el torso romano de Helios; que sepa descifrar la espina del Mesías y, con el filo de la letra ele, revele el oro que ocultan las figuras retóricas. Con el bosquejo imperfecto de todas tus distancias, debe replicar los mapas de los cartógrafos holandeses y comprobar si mi escala falla cuando estimo el arco de tu pie con la empuñadura de mi mano. Busco pintor flamenco que estudie la semejanza de la lágrima con las filtraciones de calcio en las cavernas; que personifique el beso como un licor de hierbas medicinales que fluye de boca a boca. ¿Queda vivo algún discípulo del Bosco? Esos que pintaron los dogmas para el Vaticano, los que pueden hacer verdad una fantasía. Busco pintor del siglo dieciséis que infrinja el lienzo, que lo tasque, que lo insufle de vida, que tenga, como Van Dyck, un arcoíris en su pecera y que te deje ahí retratada, como las vidas paralelas que uno busca en los pasillos del domingo, en las entrañas de un museo.

LAS TENTACIONES DE SAN ANTONIO ABAD

No puedes ignorar a los demonios,
esconderte al otro lado del lienzo,
crucificado como un bastidor.
Alguien se adueña de los óleos.
Es preciso descansar en Fortuna,
rezar poemas como letanías:
Son pocos versos los que son eternos.
En ellos cabe todo el sufrimiento.
Haz con palabras tu propio escapulario.

LOS SABERES DEL CANGREJO

¿A dónde van los cangrejos en las balsas de Caronte? Sé que sus tenazas se acomodan a un pasado que se entraña, lo sé porque la selección natural trata de tener coraza, de andar sobre nuestros pasos para que los recuerdos no se derritan en el magma, para que los huesos no ardan secos, sin su calcio de memoria, para que escurran los amores silenciosos en la tierra. No quedó en los libros, pero los cangrejos araron el caos y lo volvieron sedimento. Ellos escogieron las semillas óptimas para la vida, prepararon el barro con el que Dios hizo al hombre y escondieron la verdad en las cavernas. Por eso los miro con sospecha: algo trenzan, algo amasan todavía; la buena muerte tiene en ellos jardineros. Saben que somos disímiles, imagen trunca, una humedad que no rueda en lágrima. Huyen sin quitarnos la mirada, lloran cuando nos esperan bajo la tierra.

LA BARCA DE TESEO

Anda de pie de nuevo la serpiente
si me rabia la escápula de calcio.
Donde lo oscuro dispara a mansalva,
los fósiles encubren nuestras huellas.
Cada vez más distante del Edén,
ofrezco al magenta una madrugada.
Si un olvido devora las estepas,
siembro gardenias bajo los renglones.
Es mía la paradójica barca.
Dime, a semejanza de los dos ángeles
que aburridos platican en un muelle:
¿sigue siendo el jardín del Paraíso
o atestamos de ficciones el Infierno?

EL GENERAL CABAÑAS REFLEXIONA FRENTE AL ESPEJO

Sus cabellos, otrora color castaño, son ahora blancos y largos, mientras su barba, patriarcal por su longitud y color níveo (la que, de acuerdo con su promesa solemne, no se ha cortado desde la muerte del general Morazán), imparte un interés adicional a la expresión triste de su rostro…

William V. Wells.
Exploraciones y aventuras en Honduras

Una barba larga arrastra las partículas de olvido dispersas en el suelo. Arrastrar es un acto de resistir. Basta la huella mineral de una sola lágrima para inferir que el dolor se cristaliza. Como las estalactitas, el llanto se calcifica en el rostro. Me veo en el espejo y soy el fusilado. El amigo del muerto que resucita. No temo a la muerte, sino a la sepultura de los recuerdos. Vives cuando alguien te convoca y mi barba parece la mano de tu victoria acariciándome el pecho. Si el sueño triunfa, la posteridad hace justicia. Dirán que su barba era un tatuaje en tres dimensiones del Istmo, la patria grande que se torna blanca como una entereza. Mi barba crece desde Yucatán hasta Venezuela; mi barba sobre Tierra Firme. Tu sepultura me enfatiza la tierra como mi familia verdadera. Ahora el polvo también nos hermana. *Hominis* de *humus.* Cada remolino se levanta como un poema que viene del sur. Cada remolino es el arquetipo de mi barba. Un acto de resurrección en el ojo del creyente.

HOMERO DESPUÉS DE WHITMAN

Había presenciado la súplica de Héctor:
Otorgad clementes
que el hijo mío sea como su padre ha sido,
campeón escogido y orgullo de su gente;
que poderoso reine sobre la vasta Ilión;
que cuando vencedor vuelva de la pelea,
digan todos al verlo: «Vale más que el varón
a quien debe la vida».
Vi el reflejo que deja el infinito
en la mirada de los hombres justos.
Eran tiempos anteriores a Whitman
y solo podía reinar el victorioso.
La poesía señaló en el bosque
otras maneras de la dignidad,
las palabras que la madera calla.
Hago patria con todos los vencidos,
porque el que pide volverse victorioso
suplica por la derrota del otro.
Whitman consuela ese desequilibrio:
Por qué voy a empeñarme en que Dios
sea otra cosa mejor que este día.
Hay una belleza oculta que mis hijos
deben reconocer en sus heridas:

No solo el perdón cose y cicatriza:
Hay que hacer casa con árboles caídos.
Qué importa si regresan humillados
por un amor, por una consonante.
La derrota es un reino redimido.

LAS NOCHES IRREALES

¿Jamás terminará el señorío de lo terrenal?
NOVALIS

En la falsa noche de Novalis no hay balazos ni radiopatrullas. No hay monstruos maniatados ni ombligos de amantes perecederos. Cada verso puede ser un soplo de vida para el mármol, un apócrifo del Génesis donde la imaginación es mentira del barro. Basta con que un silencio fecunde los ojos y las nubes se convierten en canoas, las magnolias estiran su espina dorsal y escapan volando al meridiano de Greenwich. Son noches irreales: aquí no existe la prudencia ni el viejo que de ella se lamenta. Un poeta en la Patagonia te revela que Stravinski inventó el *heavy metal*, el Amor besa al fin a la desahuciada Psique del Louvre, o treinta poetas cantan para que no se muera Safo. En las noches irreales un poema de Cernuda también es una alameda de eucaliptos, y sus plegarias florecen como súplicas al ocaso: *No quiero, triste espíritu, volver / por los lugares que cruzó mi llanto*. Estoy seguro de que los eucaliptos se martirizan para multiplicar los *Himnos*, para que cada uno contemple en una nube de polvo los rasgos transfigurados de su amada. Solamente en la literatura la fantasía se convierte en realidad.

INSPIRĀRE

Desde que los divinos se marcharon
el poema inspira sus propios barros.

UNA POETA RUMANA

Mihaela Moscaliuc salía de las lecturas salivando el bocado de los fonemas, como si el verbo fuese un duendecillo. Íntimamente bisbiseaba: «¿Escuchaste otra vez ese sonido?». La poeta me confesó palabras recurrentes que escuchaba. Me las confesó, como gatos que trafican símiles en los tejados. Son más de una docena, me dijo. ¡Qué pocas para salvar el mundo!, cavilé desanimado. Tantas otras llevan oxidándose desde Quevedo. Tantas lenguas moribundas, tanto llanto escurriéndose entre las uñas. Y los poemas girando como trompo, como topo, como tropo en la tísica luz de las estrellas tan gastadas. Es el fin de una era: o nos salvan los versos del pasado o nos volvemos estatuas de sal.

CARMEN

Me persigue un dolor exacto,
una tribu de definiciones.
Cada letra en el espinazo,
sangre que rescribe sus heridas.
Una canción huérfana de viento.
Una cicatriz que se concibe como flauta.
Escribí escondido entre las fieras,
escarbando vértebras
como una sombra oscura
en una pintura negra.
Publiqué como quien desliza un papel
por la ranura de una puerta.
Estas palabras que tus ojos leen
no son inmortales como las de Petrarca,
ni fueron dictadas por el ángel.
Tu lectura las vuelve sagradas.
Todo el que lee un poema
es cómplice de un milagro.

GLÜCK

Sé que hay ángeles microscópicos que esterilizan los tenedores oxidados. Lo sé por mi fobia a contagiarme de rabia. Hay osos que aprendieron la lengua de la nieve y caminan por la cuerda floja entre mis pulmones; por eso padezco de vértigo y tengo un brazo que a los ojos de un candado puede parecer un garfio. Sufro paranoia por culpa de los espejos retrovisores y las orejas de los camellos. Hay una bala que me persigue, a veces disfrazada de abeja, y otras veces viene a bordo de aviones origami. Tengo la barba larga, porque temo a las navajas de afeitar que se apoderan de mis insomnios y, en el entresueño, degüellan a las peonías. Siento lástima por las peonias porque, fonéticamente, son familia de los poemas, y todo el mundo sabe que los poemas son familia de las penas. Leo poesía porque, estadísticamente, no han acuchillado a nadie mientras lee a Rilke. Nadie ha muerto en un maremoto con un libro abierto de Hikmet. Tengo miedo a los meteoritos, a las cámaras de gas y a los políticos latinoamericanos; es decir, temo a los seres y a las cosas que nunca han amado un poema. Aunque sufro mucho en los vuelos transoceánicos, me gusta visitar Alemania porque en alemán buena suerte y felicidad son la misma palabra: *Glück*. Cuando lo descubrí me volví un lector compulsivo de Louise Glück y la añadí, supersticioso, a mi lista de poetas que funcionan como amuletos salvavidas. Tengo cuidado de los ojos que se miran a sí mismos, de los pequeños dioses que, a escondidas de sus padres, juegan con el mundo. Tengo miedo a la crecida del Nilo, a una embestida de pianos o a la lluvia de caracoles y de erizos. Soy alérgico a la tristeza, a los agujeros negros que se tragan las cuentas del rosario. A los teléfonos que timbran bajo el agua y a las portadas del periódico de mañana. Tengo terror de los torbellinos que se forman en la memoria, de la cacofonía y de las honduras que cada día aumentan sus abismos. Y la muerte… ella me tiene sin cuidado. Me lo enseñaron las efímeras que, después de nacer, hacen el amor en la espuma del Danubio, se sobreviven y se mueren. Felicidad y suerte. ¡Vaya *glück*, dirían los teutones!

RESPUESTA A RENÉ CHAR

Dans sa lutte pour la vie,
sans le mal, aurait-il survécu?

RENÉ CHAR

El *Homo sapiens* es el gran engaño,
la mayoría sigue siendo *Habilis.*

Junto al vacío somos polvo inútil,
un fingimiento de sobrevivencia,
un fugaz espejismo de dos lirios
copulando en las aguas del Moldava.

¿Quién cuidará las virtudes secretas?
El hálito que empuña un alpinista,
o la atmósfera donde el beso flota.
Restos dispersos del soplo de Dios
que insufla el ánima de lo sublime.

Frente al triunfo de tanto habilidoso
somos la sustancia del fin del mundo.

EN FUGA IRREVOCABLE

Mientras otros edifican un muro,
busco mi casa en las constelaciones.
Otros quieren preservar una ley;
yo, un camino que anduve enamorado.
Mientras otros editan las historias,
yo salvo las cartas de los abuelos.
Otros quieren izar una bandera,
yo escuchar el ocre de la serpiente.
Mientras otros ocupan territorios,
yo escribo poemas a los olivos.

SNOOP DOGG AND WIZ KHALIFA: *HIGH SCHOOL REUNION TOUR*

En las calles de Manhattan encontré una caja abandonada. Eran primeras ediciones de autores rumanos, acomodados como jilgueros muertos de frío. Eran las pertenencias de algún difunto. ¿Cuántas personas viven sin notar esas ofrendas a su paso? ¿Cuántos otros caminan entre libros desahuciados? Dinu Flămând debería llenar el Madison Square Garden.

Dije cabizbajo algunos versos a la manera de *Spoon River*: ¿Dónde está Lucian Blaga, el poeta que «no aplasta la corola de milagros del mundo»? ¿Dónde está Tristan Tzara, el que hilvana azares y palabras? ¿Dónde descansa Mihai Eminescu? «La multitud es ilusión». Todos están en la colina.

Otro ritmo, el *hip-hop* se destila en las venas, se adueña del pulso cardíaco. Las letras de las canciones se esfumaron como alientos en el cristal. El humo de cannabis conquistó Manhattan. En la misma calle miles de personas corean con Wiz Khalifa.

Yo quería cambiar el mundo y ellos lo lograron primero. Qué mansos son los versos en la caja de un muerto. Como una espada frente a la erupción de un volcán. Un volcán frente a la implosión de una estrella, Emil Cioran frente a Snoop Dogg.

Entiérrenme junto a los perdedores. Entre todos sembraremos hortensias. Una vez soñé con Ionesco y en la sobremesa aseguraba que las hortensias sobrevivirán al fin del mundo.

BANDA SONORA

En la Unión de Escritores y Artistas de Cuba, el poeta lee un poema. Quienes lo han visto, saben que parece un hechicero, un genio que se escapó de las ficciones árabes. Cada verso invoca imágenes que a mano limpia salvan la vida. Entretanto, un trombón de feria pasa con quejosas notas por su texto. Invoca la entrañable melodía de *Bésame mucho.* En medio de la alquimia, un joven estudiante se ve arrastrado por el bolero y lo tararea en suaves murmullos. El maestro de la escuela, con la mirada de un halcón barbudo, busca la voz a capela, y con un suave gesto lo reprime.

Todos tenemos un rostro que besamos en silencio. Las palabras se encendían como luz ultravioleta y revelaban nuestras cicatrices. Un beso inconcluso arde en la arteria.

Yo quería seguir al joven y corear juntos la banda sonora del poema. ¿Cuántos somos los equivocados? ¿Ha cometido un error el muchacho al cantar a capela? ¿Ha errado el maestro que impidió que el poema crujiera? ¿He pecado yo por escribir esta parodia?

Por un beso hay que perder la compostura.

EL MITO DE SÍSIFO

Y si nosotros éramos la piedra
y Sísifo, un retoño en el zapato.
Es algo como campana de pecho.
Rueda la carne para arriba, el día
hasta que no lastimen ya los libros
—tiempo sería entonces la criatura—.
Ingenuas se derrumban las pupilas.
Como casquillos de bala, caemos.
¿Era badajo, era corazón u olvido?
Hemos perdido las definiciones.
Ignota es la pureza de la cima.
Cerca estuvo el tedio de algún cínico
o el amante que posa su mentón
en el hombro cercano de un abrazo.
Solo el amor exculpa la rutina.

UN PAÍS EN LA FRONDA

Hay una patria en las huellas de los caracolillos del río. Un cielo sobrevolado por besos que no pudieron volverse gaviotas. Banderas que tiemblan tibias sobre el agua como una palmera. Es la patria de los amores perdidos, donde las derrotas vuelven con nuevas líneas en sus manos.

Su soberanía reside en las saudades, en una tristeza de astro que ya no alumbra la sangre que recircula. Nadie debe obediencia a los instantes, ni a las prosas de tipografía cuestionable. Su escudo es una noria en movimiento perpetuo, son bienvenidos en sus vagones los kilómetros que nos separan, las acuarelas del romanticismo y los versos que sangraban los folios donde se imprimían.

Su forma de gobierno, circular y de vinilo. Sus leyes, rondallas y la lluvia que le reveló *Imagine* a John Lennon. Sus libros se conservan cristalinos y en su manantial se diluyen los usos horarios.

Reina la caridad y de la roja madera de los endecasílabos se talla el tímido trono. Su lengua oficial se perfila en los ideogramas de la infancia. Las neuronas pastan como una manada de gacelas sobre el valle transparente de los arrepentimientos.

Gracias a los peces fosilizados en el hipotálamo, llevamos desde el destierro algo de marino y un cariño sanguino a las profundidades. Los caballitos de mar apaciguan el barro de la espera. Por la gracia del polvo de Quevedo hay amor en la vida eterna y un Dios que habita en la poesía de Vallejo.

Se garantiza la abolición del tiempo por los geómetras del universo. Cada uno, con su aceituna, su aceite de oliva o su Getsemaní según lo advierte Joyce. El derecho a la lágrima es sagrado y de la cobardía pueden teñirse amuletos. El pasado cognoscente no decolora el anadrio, las sirenas no atentan contra los abrazos de despedida. Como lo dice Nietzsche, el olvido es la creación verdadera.

Por los trazos de Leonardo, hay un diálogo amistoso con las constelaciones, las estrellas no implosionan y las fugaces siempre cumplen sus promesas. La pólvora amarilla sirve exclusivamente como miel para escarabajos y los suicidas siembran los eucaliptos del cielo.

Un astillero atiende a los amores inconclusos cuando llegan heridos de mástil o de vela. Los signos de puntuación tienen derecho al viento. A nadie le falta un punto final o una coma. Las interrogaciones se trazan con la tinta indeleble del asombro. Los segundos se perpetúan en el ámbar, sin mácula, como un silencio escondido en la pupila.

Rafael Nadal hace en cámara lenta el *swing* correcto y anula los errores en la memoria muscular. Los castores remplazan los maderos endebles de sus presas y las libélulas ajustan las manecillas de los agrios renglones del calendario.

Se permite el trueque del olvido, moneda de curso legal, de común acuerdo para una sociedad de espinas luminosas y de abnegados jardineros que remuevan la maleza habitual de las palabras.

Son lugares hermanados los países deshojados por la guerra, los patios escolares bajo edificios comerciales, las librerías de viejo, los paisajes de la filatelia, los árboles que se volvieron columpios, la habitación de Virginia Woolf y las costas de Palestina en el Mediterráneo.

Es un país en la fronda. Aquí el relámpago se somete al mandato de las farolas y se recoge el cordel del horizonte. Aquí vienen a parar los deseos de las monedas lanzadas a las fuentes, la esperanza de quien toca el sabueso de san Juan Nepomuceno en Praga, las promesas de los candados de París, las súplicas de quien hunde la mano de Cristo en la Vía Dolorosa. Los amores imposibles matizan la platina de las estatuas.

Hay un manantial en mi ojo triste. Una alianza entre el silencio y la verdad. Una constelación hacia párpados caídos. Una ilustración de Basil Hallward donde los besos nunca envejecen.

EL CAMINANTE SOBRE EL MAR DE NUBES

En el Roque de los Muchachos, en la cúspide de La Palma, en las islas Canarias, visitamos el telescopio más grande de la Tierra. Ahí espejos inmensurables para el propio Borges escudriñan las galaxias. Bajo tus pies las nubes envuelven el volumen de las ausencias. No se alzan, fueron adiestradas por pintores románticos para acomodarse entre los abismos. Un mar endeble deja ver la intimidad de sus islas, las antiguas formas del paraíso, el molde de las cosas que nos importan. En el horizonte los reflejos escrutan el pasado. Fisgonear la Vía Láctea es fisgonear el fuego primigenio. Por eso renuncié a la noche insondable, elegí caminar por los senderos del Roque. Detenerme frente al mar de nubes, recordando las tardes que me sostienen. Indagué en mi cosmogonía el amor que mi caligrafía amuralla. Nada puede ofrecerme Alfa Centauri. Me basta la tenue luz de tu memoria.

HUMANAL

El calcio memorioso
fecundará la tierra.
El pasto recordará
una lengua inescrutable.
La mejilla de la viuda encontrará
su humedad en la tierra.
Florecerán escalofríos
en la rama de un árbol.
La vieja tornamesa de caoba
abrazará a las raíces del barrio.
Las espigas elevarán los glifos de bronce
de los tipógrafos de Macedonia.
La dama de los inciensos de El Cairo
ocupará el estrado de la primavera.
¿A quién sorprenderá Magritte
escondido para siempre en su manzana?
¿A dónde irá a escurrir mi omóplato?
¿En qué lugar volverá a florecer
mi pecho embrujado?

EL *BAUTISMO DE LOS NEÓFITOS*

Contemplando a Masaccio

Creo en el aura a la manera que lo intuyó Masaccio. En un velo que amanece mojado y que presiente las manos del alba cuando escurre el húmedo pañuelo. La erosión me deja escalofríos. Son lágrimas que nacieron en el estómago y que, extraviadas, no subieron a los ojos. Hoy es de lluvia el domingo, día del *Bautismo de los neófitos.* Hay pájaros que aparecen solo cuando llueve; son de alas débiles y pequeñas, aprovechan para a mojarse sin meterse al río y esquivar las difíciles corrientes. La naturaleza se repite en sus formas; por eso, un epigrama es un espejo de bolsillo. Por eso las preguntas se parecen a estos pájaros; por eso algunas transpiran entre lluvias. Por eso un poema se parece al alba, que me escurre como su pañuelo.

TAROT

Sale *La Vérité* de Jules Lefebvre.
Su resplandor es del linaje de Eva,
fulgor que puede guiarte
a la aldaba en la puerta de Virgilio.
Eva acierta en los años posteriores
a Simone de Beauvoir. Caigan mitos.
Ahora es abuela de los aciertos.

Se revela la segunda carta,
vienen trenes hambrientos
como una estampida de bisontes.
(humo negro, humaradas).
Despertaron los abismos.
Esta vez sí que vienen los bárbaros:
        a quemar los olivos del huerto,
        a talar los manzanos primitivos,
        a desatornillar las consonantes
        de la *Divina Comedia.*
(polvareda de potro, tolvaneras).

Aparece la musa con un cofre.
De nuevo el rostro verdadero de Eva.
Hay que juntar los miedos. Vaticina.
Déjalos delirar con las respuestas.
Procura salvar todas las preguntas.

JUICIO FINAL

Me encontraba frente al *Juicio Final*, el mosaico que adorna la Puerta Dorada de la Catedral de San Vito de Praga. Contemplaba al ángel que inclinado levanta las ánimas de los féretros. Una joven, de edén en la mirada, compartía con su madre los detalles de la obra. Acercaba la videollamada a cada vidrio, al color de cada piedra. Como un ferviente lazarillo, narraba los momentos de la resurrección. Yo la escuchaba, ciego de nacimiento. También le contaba a la mía las maravillas que al paso encontraba. Erramos con frecuencia en los momentos memorables. Mi madre no resucita en ellos. Una silla acordonada de museo enfatiza su vacío. La memoria se parece más bien a una niña que juega con su caos, sonríe con nuestra ingenuidad y sabe que las fiestas son de añoranza.

Ella resucita en las situaciones triviales, en el tono de una palabra o en la forma de servir el café. De repente, como ahora que resucitó en otra madre.

EL AMOR

Cuando Eva compartió con Adán la fruta del Edén, se la ofreció en sus propios labios. Adán, al aceptarlo, consumó el primer beso.

LA PAPELERA DE E. B. WHITE

En la fotografía de E. B. White en su cabaña, el narrador posa frente a su máquina de escribir. Pero una papelera, un barril de madera y mimbre, reina en el retrato. Sufrí la paranoia del protagonista. Nos faltó un capítulo con lluvia, caminar como dos helados personajes de Chéjov. Fuimos un texto mediocre: un mal poema. Solo nos salva Oscar Wilde: él afirmaba que la mala poesía es sincera. Y caímos en los abismos de la sinceridad, como una historia arrugada. Una papelera reina también en la vida.

SOBRE LAS PALABRAS A CABALLO

Una palabra que no se dice con palabras
pasó a caballo.
JUAN GELMAN

No podría asegurar
que son palabras muertas.
Galopan en búsqueda de los ausentes.
Oscuras se presienten en el ritmo
cardíaco, en la música del verso,
en la gota perenne del insomnio,
en las farolas del hipocampo.
Van por ojos y dientes,
por el lado vacío de los dados
y en el húmedo purgatorio de la lengua.
A veces tartamudeamos
o las manos se ponen sudorosas;
el caballo descrito por Wittgenstein,
es narciso que retoña en el esófago.
Si en la amígdala se pierden
hacen nudos en la garganta.
Prueban el valor de la poesía;
ella sirve para encontrarlas.

COMEDIA

José Emilio Pacheco se despertó el 26 de enero de 2014 convertido en un ente transparente. El primer día recorrió las calles de La Condesa y visitó algunas librerías familiares. Descubrió que podía atravesar libros, cuerpos y paredes. Aprendió a manipular la polución, a modelar sillones y escaleras en el aire. Se sentaba a media altura a contemplar la vida: descendemos de tejedores de cortinas, de cerrajeros y de piedras apiladas. Estar vivo era solo una forma de pudor y vergüenza. Carne desangelada que deambula por los parques. Y alcanzó las alturas de la neblina. Los transparentes distinguen solo siluetas entre la bruma o la llama de algún corazón sagrado.

Visitó los años venideros, se encontró con Dante en el humo de una fogata y compartió tabaco con chamanes exiliados. Al tercer día despertó convertido en ángel. Quiso inmiscuirse en el sueño de algunos amigos. Inspirar una fe de erratas definitiva. Un viento lo derrumbó a cada intento, como manzana al suelo. El viento es la censura de Dios, concluyó certero. Los manzanos del Edén eran jugosos aforismos. Hay que buscar la verdad a mordidas, hambrientos, con el coraje de Eva.

UNA MUCHACHA VESTIDA DE AMARILLO

Te veo volar en un vestido amarillo e imagino el árbol genealógico de esa belleza: Las túnicas de los griegos en las vasijas de bronce, emulando los pliegues de las diosas vestidas por Homero. Desciende de las costureras de las escuelas de Bizancio, de las modistas de las cortes de la Edad Media. Viene de las prendas de la Abadía de Saint Germain o los corsés de Madame de Maintenon.

Levitas en un vestido amarillo, y pienso en el linaje del pecado original, en la semilla que floreció de los duros inviernos, cuando el primer sastre, mitad hombre y mitad bestia, calmó el frío con su presa.

Pienso en el paso de mis ancestros, en el Bāb al-Kaṭṭānīn, en los alquimistas de hilos y tejidos. Y reconoce, por favor, el pequeño aporte de Jerusalén a tu belleza. Esos Kattan que vistieron a las muchachas de *Las mil y una noches.* Dale crédito a mi orgullo de verte brillar como un sol sostenido en el verano. Cree en el fuego encendido de esta memoria. Pasas como un verso de Cifuentes y recuerdo: *Lo que la humanidad ha tenido que trabajar / para ver a una muchacha vestida de amarillo.*

EL GRAN ABANICO

Un gran abanico sugiere un artefacto que la abuela guardó en el clóset o las opciones que un alma errante tiene como monedas en el bolsillo. Insinúa las sabias lecturas de un científico que profesa la ambivalencia del tiempo o los espejos que buscan los reflejos del origen del universo. Podría ser un manuscrito inédito de Rafael Alberti. Pero el gran abanico es, en verdad, una taquería de la Ciudad de México, un lugar en donde el poder no mancha la pureza del blanco. Ahí los rostros del gentío ofrecen una indulgencia a los poetas. Consuela a los hombres que perdieron su casa en los dados o el amor por una cobardía. Congrega a las vidas ignoradas por Woody Allen. Ahí verás el encuentro de los amores descalzos, los que comparten la cama sin adjetivos. Desde el gran abanico, la humanidad parece haber evolucionado sin puñales.

FE DE PREFIJOS

Nos acercábamos al Ágora de A Coruña
en un suburbio a lo alto del costero paisaje:
«Este barrio fue creciendo con los emigrantes».
Yo, que jamás dejé el corazón en una yarda,
interrumpí, precisando el prefijo: «inmigrantes».
Sentí ardorosa la sangre de mi brazo izquierdo,
caí en cuenta de que un prefijo es postura política.
Solo el que visita panteones sin sus muertos
y lo hace para que la tierra le sea leve.
Quien resucita su aldea cantándole al polvo,
y el mar de esperanza es frontera innavegable.
Solamente esa mujer que pare en otra lengua,
dolorosamente se reconoce emigrante:
el prefijo es estaca en la yarda abandonada
donde se faja un corazón huérfano de pecho.

INFIERNO, XIII, 152-173

NOTA INTRODUCTORIA

Después de recoger los pedazos del suicida, Virgilio le pide visitar a un último penante, sospechando que es una mujer convertida en una dalia, una rareza abandonada en el infierno. La flor confiesa ser Alejandra Pizarnik, muerta muchos siglos después de la travesía. Virgilio descubre que es un alma del futuro. Y le pide a Dante no contar nada de este encuentro, para no alterar el orden de Dios. El último verso del canto anticipa su poema «Los amantes», donde recuerda su existencia después de la muerte: «una flor no lejos de la noche, mi cuerpo mudo se abre a la delicada urgencia del rocío». Alejandra Pizarnik es la única belleza en el infierno.

CANTO

Antes de ir al confín que delimita
el segundo recinto del tercero,
mi guía pidió una última visita
a una dalia que ardía en un lucero.
Mostró su duda y con el rostro serio,
pensando ya en un linaje de Homero,
Dante, presto a desnudar el misterio,
dijo: ¿Quién brota en asqueroso suelo
y sufre en una flor su cautiverio?
Alejandra Pizarnik, sin consuelo,
con el perdón por suicida abolido,
nos cuenta cómo se bajó del cielo
en un continente desconocido:
Soy Eva, Penélope, María y Helena,
un pútrido dolor nos ha nutrido
y al revelarlo encontré mi condena.
En la vida parece que adivino
el poema que al creador resuena,
y cuando quiero cambiar su destino,
una belleza censura el reproche
de mi pobre corazón argentino.
Soy otra vez flor, no lejos de la noche.

EN BUSCA DE UN EPÍLOGO

Cuenta la leyenda que, cuando Miguel Ángel había terminado de pulir el *Moisés*, le parecía tan real que le ordenó hablar. Al ver que no le obedecía, en un arrebato de rabia, le dio un fuerte golpe con su martillo, dejando una abolladura en su rodilla. Para entender la frustración del maestro por el mutismo de la piedra, hay que compararla con el del amor que una vez llenó tu copa. Lo sublime es, por fortuna, algo inconcluso. Aunque quiera acercarme a la pureza de aquellos campos, una sombra inevitable los cobija.

Una mujer cabalga mis montañas como una farola, danzando el lado nevado del misterio. La torre donde había un aliento es ya una botella vacía; una maleza en vez de susurros; un catalejo en fuga junto a los duendes que se quedaron ciegos. Medianos escarabajos mastican la temperatura y un dolor de ombligo me sube a la garganta, como una dolencia de origen, una herida en el pulmón de la madre lengua. Yo la vi abrazar una llama en los Andes, por eso visto una bufanda de lana, por eso invento el frío, para abrazarte, abrasarte en la llama. Pero las palabras cabalgan tierra adentro, montando una lombriz luminiscente. Quiero encerrar el rugido del mar en una burbuja china, guardar el canto coral de las bestias de mi selva y que no te disuelvas en mi abecedario. Y la sombra devora los sonidos y el *Moisés* no habla. Miguel Ángel lo ve como se mira a un recuerdo en una pared enmohecida y le reprocha.

La muralla me persigue y va dejando un largo cementerio a su rastro. Mi cabeza se estrella en los escombros. Ella dice que un golpe así sacudirá mis malas memorias. La sombra acecha, viene borrándolo todo. Yo solo deseo esconder en la luz un secreto: saber que su nombre se parece a un adjetivo y que su pupila se quedaba inmóvil como el ojo de Pegaso. El mar desaparece, la garza también desaparece. La niña se ha desvanecido en la sombra. La lluvia no escampa, la anécdota de Miguel Ángel y el *Moisés* pone el pan en la mesa de un guía turístico. La leyenda ha vestido el color de la verdad. Ya puede llegar el señor reloj con su alfanje de plata. Mañana es el primer día del diluvio.

ÍNDICE

Esta primera edición de *Omisión del ángel*
se acabó de imprimir en Madrid el
19 de febrero de 2025, día que
Alfredo Bryce Echenique
cumple 86 años.